ANTES DE NADA

José Manuel Vila Oltra

COLECCIÓN IMAGINAL

ANTES DE NADA

© José Manuel Vila Oltra
© Obra pictórica de portada:
   Enrique Sanisidro Paredes
© Prólogo: Cecilio Alonso Alonso
© de esta edición: Olé Libros, 2025

ISBN: 979-13-87620-29-5
Depósito legal: V-1069-2025
Impreso en España

KALOSINI, S. L.
Grupo editorial **olélibros**
equipo@olelibros.com
www.olelibros.com

JOSÉ MANUEL VILA OLTRA

José Manuel Vila Oltra nace el año 1960 en Riba-roja de Túria (Valencia). Cursa estudios de Ciencias Económicas y posteriormente obtiene el Grado en Lengua y Literatura Españolas de la Facultad de Filología, realizando el TFG sobre el poeta alicantino de la generación del 50 Carlos Sahagún, bajo la dirección académica del prestigioso ensayista, político y profesor Julio Neira Jiménez. Se especializa en Literatura Contemporánea mediante diversos cursos en la Universidad Internacional Menéndez Pelayo y en la UNED.

Desarrolla su actividad profesional en empresas del ámbito financiero e inmobiliario, llegando a ocupar cargos directivos. Actualmente es concejal de Arte y Cultura en el Ayuntamiento de Riba-roja.

Su vocación literaria es muy temprana, publicando poemas y ensayos en varias revistas. Uno de sus poemas titulado «Adolescència» es incluido entre las lecturas de la primera *Gramàtica de la Llengua Valenciana* homologada por la Conselleria d'Educació de la Generalitat, para la enseñanza del valenciano.

Ha recibido el premio de promoción literaria de la Diputación de Valencia por su libro de relatos *La soledad del escritor sin fondo*.

Fue finalista en noviembre de 2020 del concurso de microrrelatos que se emite en el programa La ventana de la cadena SER, dirigido por Carles Francino, con la narración «Nadie lo esperaba» ganadora de la final semanal entre las 953 historias presentadas.

Su obra «El Marqués» es seleccionada por el jurado del Concurso Austrohúngaro de Relato Corto Ciudad de Valencia para su publicación en junio de 2022 en la antología elaborada por el consistorio de la capital levantina en homenaje a Luis García Berlanga.

En diciembre de 2022, con su relato «Salvación o condena», gana el VIII Certamen de Relatos Cortos y Derechos Humanos organizado por Amnistía Internacional Andalucía.

Alcanza la condición de finalista en el VIII Certamen Literario Universidad Popular de Almansa, en la modalidad de poesía (enero 2023).

Participa en la antología *101 relatos de la enseñanza* publicada por la editorial Vinatea en noviembre de 2023.

Obtiene el accésit en el XI Concurso Internacional de Relato Corto María Eloísa García Lorca (diciembre 2023) que organiza la UNEE Unión Nacional de Escritores de España, con la obra «El afinador de pianos».

En noviembre de 2024 recibe en el Ayuntamiento de Sevilla el galardón como ganador del XIV Certamen de Creadores por la Libertad y la Paz de la Fundación Jiménez-Becerril en la modalidad de poesía por su poemario *La Tierra Prometida*, sobre el genocidio de Gaza.

Vivir es fácil. Arduo sobrevivir a lo vivido.
JOSÉ ÁNGEL VALENTE

PRÓLOGO

Solía decir un buen amigo, lector y versificador impenitente, ya entrado en agujas: «—¡A nosotros la literatura nos ha salvado!». Lo decía después de haber perdido una guerra y de haber sufrido largos años de depuración y ostracismo. Tenía la ilusión de que lectura y escritura habían sido el bálsamo de Fierabrás que restañó las muchas rozaduras proporcionadas por las estrecheces de un tiempo verdaderamente coercitivo. Quien se siente poeta, impelido por una pulsión irreprimible, no puede evitar la necesidad de manifestarlo, de dejar huella en cualquier circunstancia. A un impulso semejante responde José Manuel Vila cuando, asentado en la madurez creativa, ha puesto en orden parte de sus, hasta ahora, esporádicas tentativas líricas para ofrecernos este ramillete de versos de varia lección que resumen distintos aspectos de la batalla de una vida: ilusiones y desencantos, infancia perdida y sublimada, amores, disconformidades, angustias y creencias, resquicios para la esperanza, ironías reflexivas y algún que otro desahogo satírico. Todo ello presidido por los ecos candentes de un mundo desgarrado, hoy transido por la violencia ciega del despiadado holocausto gazatí, cuyas representaciones mediáticas nos toca contemplar compasivamente, sumidos en una era de frenética comunicación, en nuestra más áspera cotidianeidad global

9

que subleva las más arraigadas convicciones y revela nuestra debilidad para hacerle frente.

Ante este desolador panorama el poeta amagado, en la plenitud de su itinerario literario, siente la necesidad de hacer balance y mostrar con modestia estos frutos de su ingenio. Alumbrarlos, dejar huella, porque, como decía el clásico alcalaíno, no es bueno guardar para sí mismo las manifestaciones del entendimiento. Aunque su deseo de pervivencia mediante la palabra poética pueda entrar en contradicción ocasional con chispazos de pesimismo: «Quisiera ser nada; / más aún, no haber sido, / no ser huella ni tiempo, / ni recuerdo ni olvido».

En el título de este libro hay algo de engañoso. *Antes de nada* es una expresión preliminar que tiene su raíz en los fondos más humildes del idioma. A primera vista parece proponer un aviso o advertencia previa a un discurso ordinario pero, en este caso, la lectura nos descubre que tras el desgastado coloquialismo subyace algo muy serio: la angustia del Ser ante la Nada. El poeta-prestidigitador ha sustraído un determinante que hubiera tensado el rango de la expresión. *Antes de la Nada* hubiera sugerido indicios de una gravedad no deseada, en cambio la travesura gramatical confiere a sus versos asonantados, de sencilla concepción a ras de tierra, un inestimable contenido filosófico al alcance de todos. Bien sabemos que el impulso creativo se afirma mediante la equivocidad de la expresión. Así ocurre cuando el poeta recurre a una de las más desvalidas expresiones coloquiales del idioma para asediar el enigma más acuciante y angustioso para la inteligencia humana: el de la propia conciencia advertida de su inevitable disolución. «Existir es un zarpazo en la nada, / sin principio ni fin y sin destino».

Aunque el lector avezado pueda advertir algún discreto homenaje encubierto, producto de las devociones líricas del autor, no busque en este libro escuelas ni tendencias. Su fuente natural es la vida humana, la experiencia existencial, determinada por factores de espacio y tiempo que no nos es dado elegir.

CECILIO ALONSO ALONSO
DOCTOR EN FILOSOFÍA Y LETRAS,
PROFESOR UNIVERSITARIO, ESCRITOR Y CRÍTICO LITERARIO.

Cuando enciendan las luces

Cuando enciendan las luces
guardaré mis poemas y me iré,
pues no es este mi lugar ni mi tiempo.
Vivo con un retraso de cuatro
o cinco vidas.
Vivo con la esperanza
de haberme equivocado en todo;
con la certeza vegetal de despertar
en un otoño insomne.
Vivo sin poder atar el viento
que remueve día y noche la memoria.
Atrapado,
como atrapa la tierra
el cuerpo de los muertos.

El poema titulado «Tal vez una infancia» resultó finalista en el VIII Certamen Literario Universidad Popular de Almansa 2022.

TAL VEZ UNA INFANCIA

Papel en blanco,
pasos que apenas suenan,
ecos de barro tierno
en busca de su forma y armonía.
Huellas ligeras sin el peso
de la memoria.
Hasta en el error hay pureza,
no quema la frescura
ni es necesaria la palabra
cuando estallan las campanas
en un cielo sin sombras,
y una tierra de flores infinitas
ajenas al crepúsculo,
se mece al ritmo de la risa
que no quiere ser espada.

La tarde subió a sus hombros
para estar más cerca de Dios,
la sombra del árbol era un castillo
inexpugnable en defensa
de puñados de tierra fresca
y de alegría.

El caballito de cartón
ríe entre ruedas
que no miran atrás en su galope.
No hay niños tristes
y todos saben sus nombres y el nombre
de las nubes, los vientos y las cosas.

El río, con su agua incontenible
aleja los recuerdos incipientes
y todo es nuevo y todo es nuestro;
la generosa claridad del sol,
las flores y los versos.
Se alarga el camino a lo lejos
sin rumbo cierto,
sin miedo al horizonte y al futuro.

Nada hay que hacer para seguir viviendo,
todo empieza con la luz que crea el nuevo día,
con la misma ilusión, y la inocencia
golpea el corazón
llamando a las puertas de la aurora,
sin saber que todo está escrito,
sin miedo a que el espejo de la vida
te muestre que has crecido,
reflejando la borrosa silueta
de un desconocido.

Ahora el niño vencido por los años
mira la noche entre los árboles,
añora paisajes desvanecidos,
cansado de viajar de polizón
en el oscuro barco de la luz sojuzgada,
cansado de abrazarse a la almohada
salvavidas de todos los naufragios,
asumiendo que apenas queda nada
más allá de la nada. Ni siquiera
la amenaza de otra vida.

Y un día volverás sin tu caballo
a una casa en ruinas, cargado
con el peso de los años vacíos.
En la vieja mesa de la cocina,
entre torpes poemas primerizos,
quedará el tiempo hecho memoria y humo
de lo que pudo ser y no ha sido.
Y querrás que te crezca el corazón
hasta ser como el de aquel niño.

El limpiaparabrisas

El Seiscientos parecía un coche inmenso porque cabían muchos niños y su inagotable curiosidad y su inocencia. El limpia semejaba su parpadeo asombrado ante la vida, que brotaba como una lenta sucesión de fotogramas entre racimos de lluvia. Todo era auroral, prodigioso, intacto.

El poema titulado «La Tierra Prometida» resultó ganador del XIV Certamen Literario Creadores por la Libertad y la Paz organizado por la Fundación Alberto Jiménez-Becerril del Ayuntamiento de Sevilla (noviembre 2024)

La Tierra Prometida

I

Llueve sobre Gaza,
la Tierra Prometida,
donde los niños nacen
condenados a la muerte,
condenados a la vida.
Niños de polvo y hambre
hastiados de tantos miedos,
de caras ennegrecidas;
niños que solo saben
que la muerte es más rápida
que la vida.

II

Cae la ira de todos los dioses
y crecen ruinas
sin esperanza.
Las bombas excavan bóvedas,
catedrales derruidas.
El aire es de un gris plomizo,
llueven fulgores de fuego
de un cielo sin paraíso.

No hay que anunciar los infiernos,
en Gaza no es necesario,
es el pan de cada día,
es el único escenario
de una obra maldecida,
de un drama tan inhumano.

Olvidaron su pasado,
sus dioses y sus creencias,
y el perdón de los pecados.
Dos Pueblos tan diferentes,
dos Pueblos desesperados;
Judíos y Palestinos,
dos Pueblos tan maltratados.

III

Matar porque solo hay muerte,
matar por una frontera,
matar para tener paz,
matar por una quimera.

IV

¿Por qué nadie canta en Gaza?
Tiempo hace que desertaron
la música y las palabras,
quedan ásperos silencios
entre un réquiem de miradas.

Llueve sobre Gaza,
llueve sobre la nada,
llueve y solo queda
venganza sobre venganza.

Fracaso tras fracaso,
el hombre escribe su epitafio.
De Gaza nadie escapa,
no, de Gaza ya no escapamos.

V

Es tiempo de destrucción,
de desguazar la vida,
de muertes sin ataúdes,
de adioses sin despedida.
Es tiempo de destrucción,
las víctimas son despojos
de batallas mal ganadas
en una guerra perdida.
Es tiempo de destrucción,
destruir es la consigna,
la paz es un espejismo
y los muertos estadística.

VI

Venas de cemento y odio
asaetan sus entrañas,
por ellas corre la muerte
empuñando su guadaña.
Y todo es un laberinto
de caminos devastados,
senderos de miedo y hambre,
andados y desandados.
De Gaza ya no escapamos,
de Gaza nadie se escapa.

Edificios melancólicos,
hospitales de tristeza
envueltos en sombras negras,
erguidos como borrachos
que al viento se tambalean
mientras se tragan sus penas.
Sufrir es seguir viviendo
para los que nada esperan.

VII

La escuela es una pared
milagrosamente viva,
la pizarra es su ventana,
desde allí todos nos miran.
No hay una cruz ni una luna
sosteniendo el encerado,
rezar no sirve de nada,
los dioses pasan de largo,
sin querer ver que es a un Pueblo
al que están crucificando.

VIII

En Gaza no hay primavera,
no cantan los ruiseñores,
no hay lugar para jardines,
ni aire para las flores;
apenas queda ternura
para encender los amores.

Fracasó la madrugada
en su ignorado espacio,
desbrozando cada noche
en busca de algún milagro.
Los días nacen iguales,
oscuros y derrotados;
paridos para encerrar
el dolor y el desamparo.
Tenaz tiembla la tierra
con el temblor de los pájaros,
mientras golpean a ciegas
las bombas y los disparos.

IX

Humillados, perseguidos;
esqueletos mortecinos
encerrados en un gueto,
no pueden contar su historia
perdidos en su silencio;
solo pueden contar muertos,
día a día, nombre a nombre,
¡quién parará ese conteo!

Y mientras, el mundo gira
olvidándose de Gaza,
hay silencios que asesinan.
Algunos miran y callan,
unos lloran de impotencia,
otros mienten más que hablan.

X

Me mira ese niño hambriento
a la orilla de la playa,
frontera que les empuja
a la tierra ensangrentada.
No llora porque el dolor
se adueñó de su mirada,
secando sus ojos tristes;
no hay llanto, ni pan, ni agua,
para que beban las lágrimas
y no se sequen las almas.
De Gaza ya no escapamos,
de Gaza nadie se escapa.

ANTES DE NADA

Ex nihilo nihil fit.
LUCRECIO

I

Antes de nada
tal vez Dios,
tal vez nadie ni nada.
No hay nada de Dios,
hay dioses de nada.

La nada o el ser,
el ser y la nada.
Quisiera ser nada;
más aún, no haber sido,
no ser huella ni tiempo,
ni recuerdo ni olvido.

El ser que fue nada
y a la nada regresa,
porque nada es eterno
a excepción de la nada.

El hombre comienza por no ser nada,
existir es su insólito principio.
Asomarse a la vida,
mirar de frente al precipicio.
La nada es la frontera, el horizonte,
el origen y el único destino.

II

Poesía es crear
a partir de la nada;
espejismo, pincel,
el origen que clama,
el principio del ser,
inocencia o palabra.

Qué hubo antes de la nada,
tal vez el eco
de esa palabra.

III

La ausencia no es nada,
ni siquiera el vacío;
es la sombra del ser,
su recuerdo esgrimido.
O tal vez es la nada
envuelta en afectos
y pequeñas circunstancias.

IV

Si la nada es el no ser
que dijo Leibniz un día,
no pudo ser un no ser
pues otra nada sería.

V

La filosofía de los griegos desde el ser,
la de los cristianos que parte desde la nada,
la negación del ser, participar en la nada.
De la nada nada adviene, insignificancia,
pobre cuna del mundo, simple barro de Dios.

La nada ya es algo, y si es algo ya no es nada,
decir que nada no es algo es una paradoja ensimismada.

VI

La nada, dice Sartre, no se anonada, es anonadada
y el ser por el cual la nada viene al mundo, es su propia nada,
un ser enunciador se haría posible trascendiendo de la Nada.

VII

María Zambrano quiso desvivir la historia,
desenterrar al hombre atrapado en el tiempo,
quiso ver al hombre cuando simplemente es,
llegar justo al lugar desconocido, sin nombre
y sin fronteras y al instante anterior al comienzo de la vida.
Cuando nada ha pasado, cuando todo es inédito,
justo en el límite de la primera palabra.
Cuando la oscuridad del ser se acerca al enigma de la nada,
¿quién se atreverá a marcar la frontera que los separa?

VIII

No sé apenas nada de la nada,
ni del ser que niega la vaciedad con su presencia,
dibujando con trazos tenues
la imposible silueta de la inexistencia.

Luchar por poder ser,
huir hacia la nada,
intentando habitar los intersticios del alma.

Nada ni nadie
puede medir la nada.

No sé si alguna vez comenzaron
el agua, el aire o la vida,
pero sé que la muerte
no termina nunca.

La muerte es dejar de ser,
después de la muerte, ¿nada?

El silencio de los muros

Unánime el silencio de los muros
resbala hasta el centro de la tarde.
Monólogo del viento entre las ramas
como único vestigio de algo vivo.
Existir es un zarpazo en la nada,
sin principio ni fin y sin destino.

PIEL

Hoy sé que mi piel existe,
sé de su verbo que regresa del olvido
como una nube suspendida en el cielo
dibujando un enorme vacío.

Mi piel creció hacia adentro
en busca de la nada,
quedó encerrada en tenues ruinas sin memoria.

Mi piel no quiso ser tierra de nadie
y ahora vuelve sedienta de vida
a ocupar su tiempo y su espacio.

Las cosas emanan sensaciones sutiles:
la palabra escrita entre dos cuerpos que se sienten.

Selfi de mujer tras el espejo

El espejo atrapa
tu silueta perfecta,
la dibuja en un selfi;
imagen de imagen.
Metáfora de un tiempo
que oculta las verdades
y proclama los secretos.

Me ciega tu reflejo
y juego a imaginarte.
Leo en tu espalda
los días desvividos,
la pasión civilizada,
la elegía sin amor,
el naufragio de los sueños
y el miedo enarbolado
en la noria del futuro.
Ecos de belleza
se adivinan en un rostro
inalcanzable.
Busco fragmentos de tristeza
en tu mirada oculta
y una gota de sangre
en tu labio partido,
para beber juntos
el vino amargo de la vida.

Solo puedo ofrecerte
compartir en poemas
el dolor de las heridas.

TU BOCA

El pelo largo
y tu boca,
la mirada felina
y tu boca,
tu silueta perfecta
y tu boca,
tu piel suave
y tu boca,
tus senos dulce manzana
y tu boca,
tu sexo húmedo
como tu boca;
que me llama jadeando,
que me besa,
que me atrapa,
que se funde en mi deseo
hasta que juntos explotan.

Silueta con mar

La luz enloquecida en el júbilo del alba
descubre tu silueta contra el azul oscuro,
casi negro, casi infinito del horizonte.
Tu cuerpo naciendo del mar, salpicando mar.
Tu cuerpo hecho de mar,
del agua que supuran los suburbios de los sueños.

Estrellas diminutas brillan sobre tu piel,
resbalan suavemente entre tus senos,
vuelven al mar,
como la arcilla sobrante de una escultura perfecta.

Y yo en la orilla,
hundido en el silencio,
sin poderte alcanzar.

Peces asombrados

Sonríes segura de tu hechizo,
te acurrucas en la alfombra
mientras la chimenea apresa pequeñas llamas
que devoran avaramente tantos días grises.
Hace frío y acerco mis pies a tus pies perfectos
que huyen como peces asombrados.
Tu cuerpo blanquísimo deja su eco
suspendido en el aire,
cierro los ojos, sigo tu olor.
Con mis labios busco tu voz húmeda.
Acaricio tu piel jugosa hasta el centro mismo
como un paisaje conocido.
Tu mirada llena de azul y de certezas
me envuelve como una suave sábana transparente.
Tu risa se hace piel mientras suena *El vendedor* de Mocedades
y escucho la sombra de tu pelo.
La vida es plenitud y entre risas y gemidos
bendigo mi oficio de poeta.

COPLA CALLADA

Estaba triste,
triste y callada,
como las flores
del cementerio.

Callan las calles,
callan los viejos,
callan los niños
en el recreo.

Ya no hay palabras
ni pensamientos,
solo la ausencia,
solo el recuerdo.

Calla la tierra,
callan los mares
y las estrellas
del firmamento.

Estaba triste,
triste y callada,
porque su amor
se fue muriendo.

El bosque pierde
hoy sus colores
y es amarillo
su desconcierto.

Muchacha dulce
que bailas sola
a los compases
del vals más lento,
abre los ojos,
quizás mañana
nuevos amores
te traiga el viento.

Muchacha triste
si tú supieras
que en estos versos
hay un secreto.
Vuela esta copla,
canción de nadie,
que hay tantos *nadies*
encarcelados
en sentimientos.

La última cena

Solo puedo ofrecerte días
navegados y citas impostadas
que apenas puedo recordar.
Mi copa está vacía
y quiero beber de tus labios
un último sorbo de vida.

Te miro y la piel del dolor araña
mi esperanza improbable.
No sé si es desdén o timidez
lo que me espera tras tus ojos.
El silencio infranqueable de tu pelo
se refleja en la copa de agua
y acentúa mi vergüenza.
Y pienso que es absurdo cada instante
que posterga el desenlace.

El camarero mira compasivo
y toma nota
en el cuaderno de la vida,
del café y de la derrota.

CUANDO TODO ERA ELLA

La noche encendida, pasos de arena,
la playa era un lecho cubierto de estrellas
junto a una vieja barca de madera.
Y todo eras tú y todo era ella.

No ha habido nada tan sincero,
con la fe y las certezas de la aurora,
amor de verdad, barca sin marinero.

Volverás al tiempo de las rosas,
cual vuelve el agua de los ríos;
en el pecho la más grande de las losas,
veteada de memoria pendenciera.
Volverás en pos de una quimera;
en los ojos cristales de tristeza,
al recordar la magia irrepetible,
cuando todo eras tú,
cuando todo era ella.

Por aquel entonces

Por aquel entonces yo ya estaba muerto
—no sabía que se puede morir durante tanto tiempo—
y me di cuenta porque no estabas a mi lado,
porque no quedaba nada de nada;
solo un páramo de tierra seca y cuarteada
como un corazón olvidado.

Sonetos de oficina

I
APUNTES PARA UN JEFE

Es gordo, de horribilísima corbata,
chaqueta corta y palillo chupado,
con andares de pato engalanado,
si la ropa hiere, el palillo mata.

Es una masa que ordena y que prohíbe,
con mirada grave firma y corrige.
¡Dios mío! no sé lo que más me aflige
si el oírle hablar o cuando escribe.

Cuando de arriba recibe instrucciones
se olvida de principios y simula,
bajándose papada y pantalones.

Al subordinado inculpa ante el problema,
al pelota consiente, al jefe adula.
Pavonearse es su ley, trepar su lema.

II
LA MÁQUINA DE CAFÉ

En tu sombra interior triste y sonora
baila la soledad inerme, risa
que cuelga de la foto antigua, indecisa.
Fuente rechoncha, lista a cualquier hora.

Dueña eres del alba, del mediodía.
Confesora solitaria del anhelo,
dama del amor cortés, hoy sin velo,
con un pobre poeta que te espía.

Ofrecen tus ubres café sereno,
chocolate de aroma penetrante,
leche en polvo y poleo ilimitado.

Vagina angosta de humedad sin freno,
rincón del enamorado deseante,
banco eres de un bosque desarbolado.

III
PASSWORD

Con la noche pegada en el oído,
las criaturas atadas al volante,
direcciones unánimes, instante
tan absurdo, rendición sin sentido.

No escuchaste de los pájaros el vuelo,
tu clave tecleaste taciturno,
sintiendo en tu piel el beso nocturno...
Un grito te devuelve al duro suelo.

Con voz de hojalata que no podría
impostar un saludo entre rastrojos,
ni mentir un minuto de alegría.

Viviendo con la única certeza
de una mesa allí enfrente y unos ojos
tapiados con idéntica tristeza.

IV
APUNTES DE NAVIDAD

Tengo un Belén de barro y esperanza
repleto de nostalgias y de ausencia,
de amores que suplican permanencia,
de un camino que me sigue y me alcanza.

Es Navidad, no repliegues el alma
ni la vendas a un Papá Noel por horas,
no hay regalos que te den lo que añoras.
No te escondas en las prisas, hoy ten calma.

Las ventas, presupuestos, el mercado
se agolpan sin dejarte decidir,
siéntenos, siempre estamos a tu lado,

entre todos lo podemos conseguir.
Mírate en el espejo silenciado
y escucha la alegría de vivir.

En la ventana

La tarde cuelga en la pared,
hierática,
sin moverse un ápice.
Como un lienzo maduro,
perfecto.

AQUEL HOMBRE

Aquel hombre
desarbolado por la vida,
malherido, casi entregado.

Aquel hombre
hecho añicos que se desliza
bajo un cielo de cobre,
fue amado una vez, una única vez,
con todo el amor que cabía en el corazón de ella.
Amor no leído en los tristes libros,
amor total de brasas y de lágrimas.

Aquel hombre
hubo un tiempo en que fue vivido,
sin complejas arquitecturas
ni ajados sonetistas,
solo el crujir de sentimientos
sin símbolos ni embocaduras.

Sobre esas débiles cenizas
esparcidas por los años,
marcó su huella
como única prueba de su existencia.

Olvidos imperdonables

Olvidaron reparar las sillas de mimbre de los bares
Olvidaron fotografiarme de frente y perfil
Olvidaron en algún lugar el maravilloso futuro
         que al parecer tenían
Olvidaron que Dios está en todas partes
Olvidaron la galleta en las natillas
Olvidaron que los libros fomentan el desconocimiento
Olvidaron prohibir la marcha atrás
Olvidaron invitarme a votar en las elecciones
         norteamericanas
Olvidaron decirme que el tío Luís murió
         implorando clemencia al pelotón
Olvidaron apagar la luz del desván
Olvidaron avisarme de que cae el pelo y se hace barriga
         cuando aún eres un niño
Olvidaron que Paulette Goddard era tan bonita
         en 1940
Olvidaron a un tipo diez años en una autopista
Olvidaron subir el sueldo a todo el que lo necesite
Olvidaron el papel higiénico en el váter
Olvidaron expulsarme de todas las universidades
         del mundo
Olvidaron explicar cómo se apaga el televisor
Olvidaron enseñarme a vivir y ahora quieren
         que baje de mis sueños

PATHOS

Andaban de un lado para otro como ganado.
Solo se oía en la ciudad entera un arrastrar
de pies como de ancianos y en sus rostros los ojos
construidos de cristales inmóviles, fríos.
O reían con la risa idiota del que ha visto
el lecho del espanto, lo oscuro de la tumba.
Las cabezas, ya sin pensamiento, se movían
con el viento, o colgaban lacias de los cuellos
como girasoles cargados de semillas
de otoño.

Los relojes volvían sobre sus pasos en pos
de su sombra y nadie sabía si era tarde,
mañana o noche; porque ni sol, ni luna,
ni estrella, ni planeta corrían su curso.

Un silencio desigual, profundo, de sílabas
desconcertadas compuso un grito unánime,
hasta los números lograban enmudecer
desembarazados del peso de su mensaje.

El no-lugar

I

La noche se desploma
sobre la ciudad compartimentada,
absurdos transeúntes
fingen conocer su destino,
se creen necesarios
y solo son tristes figurantes
entre calles con vida propia.
Imposible habitar
lo inhabitable.
Las casas, que fueron úteros acogedores,
convertidas ahora en almacenes del miedo,
frías habitaciones de un hotel interminable.
Las ciudades son
un no-lugar
con muchos nombres.

II

Los edificios no tienen
ojos claros,
sino inacabables
nichos ahogados
en su absurda
simetría.
Habitados por días
de acero,
donde la carne humana
es solo carne absuelta
de voluntad.
Inmensos cofres de cemento
que preservan el vacío,
asfixiando la vida,
escamoteando la muerte;
reconocerla es un
implícito vital
totalmente prescindible.

El charco

Llueve y tengo la extraña sensación
de haber vivido demasiado.
He olvidado el camino de regreso,
la ciudad es una jaula mojada
que reitera el nombre de las calles.
Piso el charco y tu imagen reaparece
como vuelven los libros de la infancia.
Es la imagen del adiós definitivo,
¿dónde están tus ojos que antes a todo
me respondían?

Entre las nubes

La libertad comienza cada día
en algún lugar del mundo y crece
como el agua en el deshielo.
Crece y nos dice
que no hay caminos,
que es la verdad ineludible,
que siempre y a todos nos espera,
que cada cual escribe su destino,
que ella volverá,
volverá una y otra vez,
como vuelve cada noche la marea.

La libertad se sostiene entre las nubes
sin precisar la ayuda de los ángeles;
tan cerca de Dios,
tan lejos...
Sin ser consciente de su vuelo,
del inmenso valor de sus fonemas.

La libertad se hace palabra,
limpia, imprescindible;
para ser llamada, para ser gritada,
para ser escrita en el diccionario.
Él es el cuerpo, ella es el alma,
ambos huyendo de la pública subasta.

Aún tengo la vida

Señor de las estrellas,
dueño del hambre;
hambre de cebollas,
cebolla y sangre.

Compañero de sueños
que aún hoy soñamos,
el paisaje retiene
con luz inmóvil
tus versos,
miradas acuciantes y serenas
clavadas en la luna
que pende entre las rejas.

Quisieron acallarte,
vana quimera;
vistiéndote de muerte
como un objeto breve.
Puede ser que aún no sepan
que tus palabras brotan,
abrazan, abrasan, sí;
tan vivas,
que tus labios las besan
al despedirlas.

El otoño en mi costado

Suspendido en el aire,
inmóvil como un pájaro,
repasas los escenarios sumergidos del alma.
Yacen los rostros que no ignoras
y absorto como un niño
contemplas las sombras de mis días,
inventario de rastrojos que barres
con un soplo helado de la tarde.
Y acercas luego el sabor de la tierra, donde he nacido,
a mis labios.

Pareces amarme por un momento,
te aproximas y no temo tu herida,
un punto de luz desmiente tu silencio.
Has venido a lastimarme y eres más lento y minucioso.
A ti otoño entrego sin combate mi costado
mientras me ofreces como caricia última
débiles rayos de un sol incierto.
A ti opaco y cargado de recuerdos
que en la noche alentabas
y se erguían como enormes bocados de sal.

Ya sé cómo mueren los labios,
cómo olvidan el ímpetu del beso.
Sé que la belleza duele,
conozco la tristeza perenne del océano,
la vasta agonía del fin de un deseo.
¿Quién puede recordar sin destruirse?
Qué frío es el vértigo de no sentir escapar la sangre,
de no saber si están vivas las cosas.

No noto ya mi carne,
solo tu vuelo gris que va enterrando la luz
en mi costado.

Tu rostro profundo
balbucea dividido en el agua
y hay azufre donde debiera hervir misericordia.
Tus uñas marrones pulen el crepúsculo
y una tristeza giratoria
acude al árbol de los pájaros tardíos.

El último verano se ha llevado
la infinita duración de este sueño,
embestido por la furia de las sombras.
Ya nada queda aquí,
ni la memoria.

LARGA ES LA NOCHE

Larga es la noche y respiro
su intangible hondura,
mientras añoro los cuerpos
que en la tenue luz se enlazan,
ebrios de carne y ternura.

Solo estoy ante la noche
acogido a la penumbra
y al silencio musitado.
Vivo atrapado en su mitad oscura,
no tengo sueño, ni sueños,
es mi pertinaz condena,
mientras espero el estupor del alba
y su rescate improbable.

Es fría la lucidez
de la vigilia, amarga
la prisión de la memoria,
único espacio transitable.

La noche es larga, inmensa,
troceada en miles de noches,
un minúsculo infinito
habitado por reproches.

Varado entre palabras apagadas
ajenas al ímpetu del miedo,
el dominio eterno de la nada
se desdobla entre las fauces del tiempo.

Pido a Dios que aparte de mí este cáliz
de amarga sangre de vida;
pido un poco de esperanza,
la luz tenue en la ventana
de una lámpara encendida.

Quedan las raíces al aire
y el revés de la mentira,
restos de fe quebradiza
en la negrura insalvable.

Vuelven los zarpazos de los nombres olvidados,
de la juventud perdida,
de la tiniebla sin Dios,
mientras el hilo de la muerte
nos conduce a su guarida.
Desposeído de todo,
encadenado a lo efímero,
hundido en la consistencia
del pasado que regresa
una y otra vez a la orilla inhóspita
de otra noche más, en vela.

Silencio metálico

Hay un silencio metálico, el despojo de un llanto total por el azul perdido. Ya nada queda, solo algunos poemas arrasados por la impermeable premeditación de la memoria.

Perfiles

Busco el perfil de lo imposible mientras la lluvia
multiplica el gris plomizo de la tarde.

LOS DÍAS

Arrojaba ausencias contra la usura del tiempo para impedir la dura penetración de los días. El miedo yacía fatigado frente a la voracidad de las horas. Asciende la desolación hasta explotar contra un cielo que no es más que una pálida techumbre.

El siguiente poema, *Adolescència*, fue el primero que publiqué; lo escribí con quince años, vio la luz en una revista y posteriormente fue seleccionado como una de las lecturas obligatorias incluidas en la *Gramàtica de la Llengua Valenciana* (Ed. Paraval), primer libro homologado por la Conselleria d'Educació de la Generalitat para la enseñanza del valenciano a principios de los años ochenta. Se lo debo a un lejano y prometedor escritor. He intentado realizar fielmente la traducción al castellano.

ADOLESCÈNCIA

De vegades, caminant
vida amunt
m'he trobat
i ja no m'he conegut:
un moment perdut
i m'he tornat arrere.
Fa mil amors i unes hores
feria la vida amb força
una adolescència de quinze anys.
I li deien Manuel
com a mi me diuen.
Estava citat
per cada batec
d'esperança
i no li calia
la nit per a somiar.

De vegades, caminant
vida amunt,
m'he vist
a cavall de l'alegria,
amb les mans plenes
de tendresa.
Tot pareix que puge
quan es du la llibertat
molt cenyida al cor
i es viu sense contorn.

De vegades, caminant
vida amunt,
he vist nàixer
els meus primers versos,
bigarrats
tots mossegant el paper,
descrivint
cercles d'un amor
sense eixos braços que acurten
la distància
redemptora.

De vegades, caminant
vida amunt,
m'he parat
a la vora d'un somni
que no té baranes
per a demanar-li foc.

ADOLESCENCIA

De vez en cuando, caminando
vida arriba,
me he encontrado
y no me he reconocido:
Un momento perdido
y he vuelto atrás.
Hace mil amores y unas horas,
hería la vida con fuerza
una adolescencia
de quince años.
Le llamaban Manuel
como a mí me llaman.
Estaba citado
por cada latido
de esperanza
y no necesitaba
la noche para soñar.

De vez en cuando, caminando
vida arriba, me he visto
a caballo de la alegría,
con las manos llenas
de ternura.
Todo parece que sube
cuando se lleva la libertad
muy ceñida al corazón
y se vive sin fronteras.

De vez en cuando, caminando
vida arriba,
he visto nacer
mis primeros versos,
abigarrados,
mordiendo el papel,
describiendo
círculos de un amor
sin esos brazos que acortan
la distancia
redentora.

De vez en cuando, caminando
vida arriba,
me he detenido
a la orilla de un sueño
sin barandillas,
para pedirle fuego.

ÍNDICE